뚝배기에 담긴 시

뚝배기에 담긴 시

진 수 용 시집

시집을 내면서

오랜 세월 동안 밥상 위의 이야기를 따라 시를 써왔습니다. 음식은 단순히 배를 채우는 것이 아니라 사람의 정과 기억이 담긴 그릇이라는 생각이 들었습니다.

따뜻한 밥 한 그릇, 김이 오르는 찌개 한 사발 속에는 가족의 웃음, 아내의 손맛 그리고 식당 주인장의 세월 냄새가 함께 있었습니다. 그 속에서 나는 시를 보았습니다.

이 시집은 그런 일상의 풍경을 담은 기록입니다. 시골 밥상, 시장의 국밥집, 집 안의 된장 냄새 같은 이야기들을 뚝배기 속에 차근히 담아 보았습니다.

누군가의 마음이 지친 지루한 날, 이 짧은 시들이 식탁 위에 먹거리처럼 잠깐 미소 지을 수 있는 따뜻한 글이 되기를 바랍니다.

이젠 글보다 마음이 앞서는 나이입니다. 삶의 온기를 나누는 마음으로 이 책을 내어놓습니다.
읽어 주시는 모든 분의 행복을 빌면서

> 2025년 11월 햇살 따스한 날
> 저자 진 수 용

시집을 내면서 05

제1부
따끈한 한 사발의 위로

갈비탕 13
곰탕 14
설렁탕 15
추어탕 16
삼계탕2 17
닭도리탕 18
토란국 19
감자탕 20
파개장 21
잔치국수 22
바지락 칼국수 23
냉콩국수 24
들깨수제비 25
청국장 26
육개장3 28
짜장면1 29
짬뽕1 30

31 냉면
32 떡국 한 사발
33 순대국
34 도가니탕
35 아바이순대(속초)
36 밀면(부산에서)
37 전주비빔밥
38 소머리 국밥(곤지암)
39 성게국(제주)
40 전복죽1(제주)
41 고기국수(제주)
42 묵은지 호박고지 찌개(보은)
43 산채비빔밥(용문산 입구에서)
44 막국수(춘천)
45 돼지국밥(해운대에서)
46 따로국밥(대구)
47 나주곰탕

제2부
밥상 위의 이야기

민물장어 한 점 51
복어탕 52
연어(후라이펜 위의 마음) 53
육개장 끓이기 54
양장피 55
짜장면2 56
해물누룽지탕 57
탕수육 58
열무김치 59
샤브샤브 저녁 60
궁전산들애 61
불고기 62
숯불갈비 63
삼겹살 64
아구찜 65
부대찌개 66
된장찌개 67
오리백숙 68
유황 오리백숙 69

70 김치찌개
71 미역냉국1
72 도토리묵 냉국
73 버섯전골
74 시금치 무침
75 청경채 볶음
76 짚불장어(기장에서)
77 포항 과메기(포항)
78 안동 간 고등어(안동)
79 도리 뱅뱅이(금산)
80 섬진강 재첩 회무침(섬진강)
81 순천 꼬막정식(순천)
82 대구찜갈비(동인동에서)
83 갈치조림(제주)
84 옥돔구이(제주)
85 춘천 닭갈비(춘천)
86 초당두부(강릉)
87 부산어묵(부산)
88 서천 대합조개탕(서천)

제3부
먹거리와 삶의 풍경

갈비탕의 정 91
삼계탕1 92
감자탕 먹는 가족 93
민물매운탕(강가 식당에서) 94
초복 95
중복 96
해물탕 97
포도주 98
막걸리(흐르는 말들) 99
슬픈 소주(혼술) 100
유쾌한 소주(안주 없어도 돼) 101
떡볶이 102
감자의 맛 103
짬뽕2 104
복집에서 105
늙은 단호박 106

107 낙지볶음
108 순대국2
109 육회(붉은 마음)
110 아구찜 속의 바다
111 전복죽2
112 늙은 호박처럼
113 비빔밥을 열어보며
114 "궁전산들애"에서(조용한 감탄)
115 떡갈비에 담긴 마음
116 돼지족발(장춘동에서)
117 전주 콩나물 국밥(전주)
118 강릉 물회(강릉)
119 대구 막창구이(대구)
120 닭갈비 그날의 불빛
122 제주 은갈치 조림
123 양평 해장국(양평)

제4부
과일로 여는 사계절

망고 127	144 참외
한라봉 128	145 무화과
귤 129	146 블루베리
키위 130	147 라즈베리
앵두 131	148 메론
체리 132	149 거봉 포도
딸기 133	150 포도
파인애풀 134	151 배
산딸기 135	152 모과
매실 136	153 감
살구 137	154 밤
토마토 138	155 은행
방울토마토 139	156 석류
자두 140	157 유자
수박 141	158 대추
복숭아 142	159 사과
바나나 143	

제1부
따끈한 한 사발의 위로

갈비탕

밖은 첫눈이 내리고
나는 혼자 국물에 얼굴을 데운다.
속을 오래 달인 국물은 말보다 깊다.

창가 자리에 앉아
김 서린 유리에 손끝을 대보며
누구 이름 하나 써볼까 하다 지운다.

부드럽게 풀어진
한 뼘짜리 갈비 하나
숟가락 위에 올라앉은 채로 말이 없다.

대파 몇 줄기
후추 몇 알이면 충분하다.
이렇게 따뜻한 게 더도 덜도 말고다.

밥 한 숟갈, 국물 한 숟갈
입안에 퍼지는 온기
속으로 내려가 마음을 덥힌다.

밖에선 눈이 쌓이고
국물 한 사발이 내 안에선
묵은 생각 하나 천천히 녹는다.

곰탕

투명한 국물 위에
파 송송, 후춧가루 살짝 흩뿌리면
은은한 향기가 피어오른다.

부드럽게 삶아낸 고기 몇 점
오래도록 우려낸 **뼈**의 깊은 맛이
하얀 김 속에 차곡차곡 담겨 있다.

김치 한 조각 곁들여
국물에 말아내는 흰쌀밥
그 단순한 조화가
허기진 가슴을 따뜻하게 적셔준다,

겉으론 담백하지만
속으로는 진한 위로가 스며 있는
곰탕 뚝배기 한 사발
삶의 무게를 조용히 녹여낸다.

설렁탕

아무 말 없이
김만 피워 올리는 뚝배기 하나
하얗고 맑은 국물 안에
긴 시간을 우려낸 설렁탕

기교도 없고 화려하지도 않다.
그저 고기 몇 점, 파 한 줌 뿌려 넣고
그리고 오래 끓인 정성 한 사발

소금은 취향만큼
후추는 마음의 날씨만큼
국물 한 모금 넘기면 속이 먼저 안다.

설렁탕은
배고파서 먹는 게 아니다.
뱃속이 허해서 먹은 거다.

한 숟가락 먹고
김 서린 창문을 바라보다가
문득 "살아야겠다" 싶은 마음이 든다.

추어탕

기운이 없다는 말
괜히 입에 올렸다가 친구가 한마디 합니다.
"추어탕 한 사발 해"

식당 입구에선
고소한 냄새가 먼저 반깁니다.
마늘 냄새, 들깨, 부추 그리고 미꾸라지의 흔적

한 숟가락 떠서 입에 넣으면
입가에 흐르는 국물보다 땀이 먼저 흐르고
한입 밥에 올리면 지친 등줄기가 펴졌습니다.

기운 없던 하루 끝에
뚝배기 한 사발이 나를 다시 일으켰던
그 추어탕의 맛과 마음
세상은 복잡해도 이 국물은 단순합니다.

삼계탕 2

하늘마저 푹 퍼질 듯 늘어진 날
숨이 턱 막히는 여름의 한낮
흰 김 따라 피어나는 약초 내음
솥 안에선 또 다른 계절이 익는다.

그 안에 찹쌀, 인삼, 대추
마늘을 안고 천천히 아주 천천히
속을 비운 어린 닭 한 마리
몸을 다 바쳐 국물이 되어간다.

어른들의 말처럼
"더위엔 더운 걸 먹어야지"
한 사발 푸짐하게 퍼 담아
땀 흘리며 들이키는 첫 숟갈

혀끝은 뜨겁고 속은 서늘해진다.
기운은 돌아오고
어딘가 아릿했던 마음도 풀린다.
삶이란 이렇듯
땀 흘려 얻은 국물 한 사발이 아닐까.

닭도리탕

가을비 내리는 저녁
아들은 빗속을 헤치며 차를 몰아 부모를---
길 위의 물방울은 은은한 음악이 되어 흘렀다.

주방에서는 손길이 분주했다.
노란 감자는 넉넉한 품으로 국물을 껴안고
단단한 당근은 붉은 양념 속에서 마음을 익혔다.

닭고기는 뼛속까지 양념이 스며들라 다독여 놓고
참깨는 풍미를 흩뜨리고 파는 초록색 웃음을 주며
얼큰한 국물은 눈물 날 뻔한 농담을 던져준다.

우리가 맛본 것은 그저 매콤한 국물이 아니었다.
가족을 향한 한결같은 마음과 집안을 환하게
밝히는 웃음이 식탁 위에 따뜻한 사랑으로 올려졌다.

식탁에 둘러앉는 순간
뜨거운 한 사발이 몸을 덥히기보다 마음을 데워주었다.
그러니깐 이것은 단순한 닭도리탕이 아니다.

사발마다 담긴 국물 속에는
정성의 손길, 기다림의 사랑 그리고
한 가족의 저녁을 따뜻한 봄처럼 빛나게 해 주었다.

토란국

아내의 손안에서 겉껍질 벗겨진 토란
손에 쥐면 미끄러져 도망간다.
마치 삶의 걱정을 잊으려는 내 마음 같아라.

도마 위에서 몇 번을 튕기다가
결국 손질되어 마침내 국물 속으로 풍덩,
운명이란 게 원래 그렇다.

푹 끓인 국물 위로
들깨 한 줌 풀고, 파 송송
포실하게 몸 불린 토란을 입안에 넣으면
쓴맛만 안고 살던 내가 잠시 위로받는다.

토란국 한 사발
뜨끈하게 받아 든 저녁
세월도 국처럼 서서히 식고 조용히 스며든다.

감자탕

뚝배기 안이 부글부글
시간이 들어낸 뼈와 국물
삶은 등뼈에 매달린 고기를
사람들은 "감자"라 불렀다고 한다.

들깨가루 솔솔
파채가 살포시 얹히면
밥 한 숟갈보다 먼저 입안에 국물이 퍼진다.

뜨거운 감자의 속살이
숟가락에 스르르 무너져 내리고
뼛속 고기는 힘들이지 않아도 살며시 벗겨진다.

이건 국물이 아니다.
세월을 푹 고아낸 맛이다.
허기진 날 든든하게 제 할 일을 하는 음식이다.

매콤하고 구수한 그 맛
한 입 또 한입 그리운 얼굴 떠오르며
감자탕 앞에서 밥보다 마음이 먼저 젖는다

우리는 잠시 말이 없어진다.
뜨거운 맛이 아니라 뜨거운 마음 때문일 것이다.

파개장 (민박집에서)

해 질 무렵 건들바람 부는 밭머리
민박 주인은
파밭을 돌보며 푸른 대파 한 줌 베어와서.

큰 솥에 장작불 피워 소고기 넣고
갓 뽑은 파를 썰어 가득 채우면
산새도 날개 쉬고 고소한 향에 귀 기울인다.

고춧가루 들깻가루 흩뿌리면
붉은 노을이 국물 속에 내려앉고
하얗게 감도는 구수한 들깻가루 향이 올라온다.

한 숟가락 뜨는 순간
그 향은 삶의 기운을 일으키고
녹아든 국물은 안개가 되어 모락모락 솟는다.

특유한 맛과 향에 속이 풀리고
마음이 풀려 세상 근심 잠시 멀어지고
하루의 고단함이 녹아내리는 구수한 파개장

잔치국수

한 가닥 한 가닥
삶은 국수 위로
맑은장국이 흘러든다.

잔칫날에
울던 이도 웃던 이도
이 그릇 앞에서는 잠시 말이 없다.

호박, 당근, 계란 지단
곱게 채 썬 마음들이
면발 위에 살포시 얹힌다.

누군가의 손끝에서
지친 하루가
조용히 위로받는다.

비단처럼 풀리는 국수
그 끝엔 누군가가 있다.
기쁜 날에도 서러운 날에도
국수는 늘 잔치를 준비한다.

바지락 칼국수

작은 칼국수 집
문을 열고 들어서면
끓는 물에 소금기 어린 바람 한 점
바지락이 입을 열며 조용히 속을 풀고 있다.

아주머니는 말없이 국수를 푼다.
풀린 면발은 고운 바람결 따라
이리저리 흔들리고
채 썬 애호박, 당근, 파조차도 살며시 귀를 기울인다.

면은 탱글탱글
바지락은 제 각각 입을 열며
바다에서 가져온 염분을 조금씩 내어놓는다.
국물은 깊고 말은 적고 땀은 조용하다.

창밖으로는
햇살이 전깃줄을 타고 건너오고
나는 국물 한 숟갈에 여름을 받아 삼킨다.
그리운 건 항상 이렇게 작고 따뜻한 데서 불쑥 나온다.

냉콩국수

창밖은 어느새 불볕더위
숨이 턱 막히는 날
바람마저 뜨거워 등을 밀 때

밤새 불린 콩
하얗게 불려 나와
고요한 물소리처럼 그릇 안에 퍼진다.

두툼한 면발 위로
진한 고소함이 물처럼 흐르고
오이채 몇 가닥에 시원한 여름이 얹힌다.

숟가락 하나 뜨면
입안 가득 잔물결 흐르고 땀은 식고
마음도 풀리고 속엔 맑은 바람이 지난다.

식탁은 잔잔한 호수
그릇 바닥에 맑고 고요한 마음 하나
한 사발 다 비우는 동안 여름도 조용히 잠든다.

들깨 수제비

비 오는 날
느긋이 끓는 냄비 안 하얀 수제비가
들깨 국물 속에서 둥실둥실 떠다닌다.

반죽엔
손끝의 하루가 묻어 있고
국물엔
맷돌에서 갈아낸 고소한 정이 흐른다.

젓가락도 없이
숟가락 하나로 천천히 퍼먹는 사이
먼저 따뜻하게 속을 안아 주는 그 고소함

창밖엔 비
내 안엔 들깨 향
그리움 하나 조용히 퍼진다.

청국장

뽀글뽀글 끓는 소리
찜통 같은 여름에도
유독 뜨거운 밥상을 차리는
어머니의 고집이 있었다.

"사람은 이런 진국을 먹어야 힘을 쓴단다."
이 말씀이 지금도 귀에 쟁쟁하다.

냄비 뚜껑을 열면
된장보다 더 묵직한 그 냄새
창문을 열고도 동네 한 바퀴 돌고
다시 제자리로 돌아오는 특유한 향기

시래기 푹 삶아 넣고
두부 손으로 뚝뚝 부숴 넣고
거기다 푹 익은 묵은지 한 젓가락
아무 반찬 없어도 밥 한 공기는 그냥 뚝딱

요즘엔 냄새난다고
누군가는 코를 막고 지나가지만
누군가는 눈을 감고
옛날이, 고향을, 어머니의 부엌을 떠올린다.

아! 이토록
살아 있는 맛이 어디 또 있던가.
끓고 또 끓는 청국장 한 냄비 안에
사람 사는 이야기가 살아서 들끓는다.

육개장 3

청계천 시장을 거닐다가
맛집을 찾아 들어간 작은 식당 하나

창밖으론 낯선 풍경
말투도, 간판도 나와는 조금 먼 곳 같다.

"육개장" 있어요, 물었을 때
아주머니는 말없이 고개를 끄덕였다.

육개장이 나왔다.
대파가 떠 있고 고기는 잘게 찢어져
그릇 한 가운데 말을 아끼고 있었다.

첫 숟갈
입안에 매운 김이 퍼지고 눈물이 났다.
매워서인지 그리워서인지 알 수 없었다.

그렇게
시장의 한 모퉁이에서
나는 다시 익숙한 나를 먹었다.

짜장면 1

검은 그릇 위에
밤하늘 같은 국수가 놓였다.
면발은 도시의 골목길을 닮았고
춘장의 향기는 은은한 별빛처럼 번진다.

양파는 눈물로 볶이며
하루의 고단함을 달래고
고기는 입속에서 힘을 보탠다.
감자 조각은 시골집의 따스한 아랫목

마지막에 얹힌 완두콩 한 알
연둣빛처럼 빛나며
그 안에서 오래 묵은 정을 전한다.
"이 순간을 즐기라" 속삭인다.

허기진 마음은 어느새 풀리고
국수 한 사발은 음식이 아니라
입안에 달착지근한 향기를 풀어 놓고
그릇 바닥이 드러날 즈음 기분도 반짝 드러난다.

짬뽕 1

그릇 속에 붉은 노을이
내려앉고
바다는 하얀 조개껍질 속에서
숨을 쉰다.

홍합은 까만 날개를 접고
오징어는 하얀 파도를 타고
새우가
뜨거운 파도 속에서 몸을 흔든다.

한 숟갈의 국물이
콧속으로 밀려와 속까지
불빛을 밝혀
겨울 바다를 따뜻하게 품어준다.

냉면

동동 떠 있는 얼음 조각들
그 위에 앉힌 회색 면발
쇠그릇부터 서늘하다.
한줄기 긴 기다림 같다.

짭짤한 맛, 시큼함, 차가움,
그리고 추억까지
혀끝에 퍼지는 깊고도 맑은 감칠맛

육수 한 모금
식초 한 방울, 겨자 살짝,
콧등이 찡하고 정신이 번쩍 들 때

삶이 복잡할수록 냉면은 길게 시원하게
가위로 면을 자르지 않고 그대로
후르르 후르르ㅡㅡ

오이채, 무채, 삶은 달걀 반쪽
그 고명들 틈에서
어느 여름날의 기억이
슬며시 얼음처럼 떠 오른다.

떡국 한 사발

삼백예순다섯 하룻날 지나
조용한 설날 아침
끓는 국물은 김이 모락모락 피어오른다.

맑은 국물 위로 가래떡이 떠 있고
지단 얹고 파 썰어 넣은 향 은은하니
아내의 떡국 한 사발에 마음이 따뜻하다.

식탁 주위 빈자리가 많다.
예전엔 분주했던 아이들의 웃음소리,
그리고 어지럽던 식탁도 지금은 조용하다.

떡국으로 한 살을 더하니
조금 더 작아진 내 그림자 하나
그래도 나는 한 숟갈씩 나이를 넘긴다.

젓가락질이 예전 같지 않지만 괜찮다.
아이들은 각자의 설날이 있겠고
함께 웃던 얼굴들은 사진 속에 모여 있다.

다 먹고 나면 문득 이렇게 생각한다.
그저 설날의 한 부분이라고
주름진 껍질 아래 사는 맛이라고
그래도 우리 부부는 오늘 참 따뜻했구나.

순대국

뽀얀 국물 안에
말없이 앉아 있는 순대 몇 점
돼지머리 고기 몇 점, 뜨겁지만 조용하다.

국물은 무겁고 그 무게만큼 속을 눌러준다.
힘들었지? 그 말 대신
들깨 한 숟가락이 사르르 녹아든다.

부추는 가만히 떠 있고
소금과 새우젓은 내 입맛을 묻지 않는다.
그냥 원하는 만큼 넣으란다.

국 앞에서는 누구도 허세 부리지 않는다.
그저 조용히 국물 한 숟가락 떠먹고는
고개를 끄덕일 뿐이다.
"그래 이 정도면 오늘 하루- 견딜 만했어."

도가니탕

속이 허전한 날엔 조용히 국밥집 문을 연다.
메뉴판은 안 봐도
"도가니탕 하나 주세요" 하면 끝난다.

뚝배기 속 하얀 국물이 김을 피우며 숨을 쉰다.
마치 말없이
"괜찮아 앉아 있어" 하는 것 같다.

도톰한 도가니 한 점 젓가락으로
살짝 들어 올리면 탱글탱글 부드럽게 떨린다.
소금 한 꼬집, 파 한 줌, 그리고 고추 송송

입에 넣으면
말캉한 식감 속에 고소함이 퍼진다.
이건 씹히는 게 아니라 감싸는 맛이다.

국물 한 입, 쭉 들이키면
속이 놓고 마음이 풀리고
따뜻한 국물로 무거운 하루를 덮어준다.

조용히 그릇을 비우고 나면
내 안에도 무언가 다시 채워진다.

아바이순대 (속초)

중앙시장 입구엔
갓 튀긴 오징어 냄새가 퍼지고
그 옆 포장마차에선
순대 써는 칼끝이 분주하다.

김이 자욱한 냄비 속에서
찹쌀과 선지가 오순도순 끓어오르고
아바이 아지매의 손끝엔
북쪽 사투리가 아직 남아 있다.

"뜨끈할 때가 제맛이야."
그 말 한마디에
지나가던 사람들도 잠시 멈춰 선다.

초장에 찍은 순대 한 점
입안에 퍼지는 건 단순한 맛이 아니다.
눈물 젖은 세월의 향이 혀끝에서
천천히 고향의 이름을 부른다.

오늘도 속초의 시장 구석엔
고향 잃은 이들의 마음속 묵은 그리움이
뜨거운 국물처럼 끓어오른다.
이건 맛이 아니라 세월의 울음이다.

밀면 (부산에서)

여름에 땀 흘리며 한 그릇 들이키면
시원한 육수와
쫄깃한 면발이 마음 까지 씻어 내린다.

바다 냄새 스민 바다 건너 시장
자갈치 골목 깊숙이 들어서면
차가운 그릇 위 하얗게 맑은 국수
은은한 육향 속에 햇살이 녹아든다.

밀가루 반죽으로 빚은 면발은
파도처럼 길게 물결처럼 부드럽게
한 가닥씩 젓가락에 감기며
입안에서 고향의 이야기를 풀어 놓는다.

식초 한 방울 겨자 한 점
가슴까지 찡하게 스며들면
광안대교 너머로 붉게 물든 노을이
그릇 속에서 잠시 내려앉는다.

여름날의 땀방울이
얼음 동동 띄운 밀면 국물에 씻겨 내리고
남포동의 저녁 하늘처럼
송도 바닷바람처럼 시원하게 속이 탁 트인다.

전주 비빔밥

입안에서 밥이 숨을 고르고
그 위에
시간처럼 겹겹이 얹힌 계절이 있다.
비빔은 참말로 맛이 좋다.

나물들이 햇살처럼 반짝반짝
빨강, 초록, 노랑, 갈색ㅡㅡ
누가 이 한 그릇 안에
갓 무친 나물의 풍경을 말아 넣었을까.

계란 노른자 하나
그 한 가운데 앉혀놓고
숟가락으로 천천히 정성껏 뒤섞으면
정갈했던 색들이 하나의 맛이 되어간다.

전주의 골목 안 바람결도
함께 비벼지는 듯, 입안에 퍼지는 건
고소하고 맵싸한 하루의 온기,
나물이고 고기고 한 식구가 돼버린다.

소머리국밥 (곤지암)

이른 아침 곤지암
국도변에 김 서린 뚝배기 하나
오래 묵은 주인의 손길이
뽀얀 국물에 정을 풀어 넣는다.

김 서린 뚝배기 위로
머리고기 몇 점 얹고
풋고추에 소금 찍어 먹으면
고단한 삶을 버티게 한 날들의 위안이었다.

숟가락을 뜨면
속이 풀리고 눈시울이 젖는다.
소머리국밥은 곧 고향이 되고
떠돌던 발걸음은 따뜻한 그리움의 온기다.

한 뚝배기 다 비우고 나면
가슴 속까지 데워지는 사람 사는 정,
잠시 쉬어 가듯 푸근한 냄새가
사람들 마음을 고향 집 아랫목으로 이끈다.

성게국 (제주)

해변 바위틈
파도 속에서 건져 올린 성게
가시 둥근 껍질 속
노란 속살이 햇살처럼 빛난다.

끓는 바닷물 국물에
살짝 풀어 넣으면
노란 물결 번지듯 퍼져
은은한 바다 향이 솟아난다.

숟가락에 담긴 고운 빛깔
입안에 머금자 살짝 짭짤한 바다 맛
부드럽게 녹아드는 노란 살점
바다의 신선함을 그대로 전해준다.

뜨거운 성게국 한 사발
혀끝에서 사르르 흩어지는
제주의 바다향과 깊은 맛이
오늘의 식탁 위에 파도처럼 밀려온다.

전복죽 1 (제주)

돌담 마을 새벽 바다
은빛 파도 속에서 건져 올린 전복이
작은 솥 안에 몸을 맡긴다.

참기름에 살짝 볶아낸 전복 내장
초록빛 국물은 고소하게 피어나고
쌀알 하나하나 스며들며
죽은 바다의 향기를 품어 낸다.

숟가락 뜨면
부드럽게 풀리는 전복 살
입안 가득 퍼지는 깊은 맛에
섬의 바람이 사르르 녹아내린다.

허기진 속을 다독이며
따뜻하게 내려앉은 한 사발
오늘의 밥상은
제주의 바다를 품은 위로다.

고기국수 (제주)

돌담길 따라 부는 바람
멀리 한라산이 눈을 머금은 날에도
식탁 위 뚝배기엔 따뜻한 국물이 고인다.

뽀얗게 우러난 돼지 뼈 국물 속에
굵은 면발이 담기고 수육 한 점이
섬사람의 정서처럼 국수 위에 눌러앉는다.

김이 모락모락 피어오를 때
그 향기 속엔 바다의 짠바람과
섬의 기억들이 그릇에 스며있다.

한 젓가락 넘길 때마다
고단함이 풀리고 마음이 놓여
낯선 나그네도 금세 제주의 이웃이 된다.

고기국수 한 사발
그 안엔 바람, 바다, 산이
함께 담긴 섬의 따뜻한 인사가 있었다.

묵은지 호박고지 찌개 (보은)

호박 잘라 겨울 햇살에 말린
주름진 호박고지
속살이 붉게 익은 묵은지 한 포기
말없이 세월을 닮았다.

햇살에 꾸덕꾸덕하게 말린
늙은 호박고지도 조용히 물에 숨을 고르고
솥 안에 돼지고기 몇 점 먼저 볶아주고
고지랑 묵은지랑 들기름에 정을 볶는다

된장 한 숟갈
마늘 쬐끔, 청양초 조금 넣고
물을 자박하게 붓고 끓여 놓으면
마을 어귀까지 구수한 냄새가 기어간다.

한 숟갈 떠넣자
쌉싸름한 인생도, 묵은지의 시큼한 사연도
호박고지의 달콤한 추억도
입안에서 토닥토닥 어우러진다.

보은의 산모퉁이 겨울 저녁
호박고지 찌개 한 냄비면--
국물 한 모금에 그리움이 익어가고
집도, 밥상도, 사람의 마음도 하루를 다 녹인다.

산채비빔밥 (용문산 입구에서)

산은 여전히 조용했지만
그날만큼은 나물들이 말을 걸었다.

취나물은 "햇볕이 좋았지요"
두릅은 "이제 막 올라왔어요"
고사리는 웃으며 바구니 속에서 맞이했다.

용문산 자락, 산나물 축제
풀냄새와 사람 냄새가 섞인 그 자리에서
나는 한 사발의 비빔밥을 받았다.

말린 나물, 삶은 나물, 묻힌 나물,
뿌리째 씹히는 계절의 고백
고추장 한 숟갈, 참기름 한 방울

밥 위에 얹힌 산의 목소리들
그리고 바쁘지 않은 마음 하나
그건 음식이 아니라 자연의 축하 인사였다.

숟가락을 들며 나는 다짐을 했다.
올해는 조금 더 단순하게 살아야지
풀처럼, 햇빛처럼

막국수 (춘천)

메밀꽃이 지고
그 뿌리가 그릇에 담겨 나왔다.
오래된 간판 아래
철 그릇 안에 여름이 반짝반짝 인다.

가늘고 거칠한 면발
씹을수록 풀 내가 나는 그 맛
동치미 국물은
한 줄기 강물처럼 목을 타고 흐른다.

양념장은 조금
참기름 한 방울 넣고 비비면
조금 투박하고도 정직한 그 맛에
젓가락질은 멈추지 않고 땀은 멈추게 한다.

그저 한 끼가 아니라
나의 작은 도피처 방식일지도 모른다.
춘천의 막국수 한 사발
더위도 세월도 한입에 말아 삼킨다.

돼지국밥 (해운대에서)

자갈치 시장의 소란스런 아침
바다 내음 따라 들어선 골목마다
삶의 구수한 냄새가 식당 문을 열게 한다.

뜨거운 뚝배기 속
하얀 국물에 김이 피어오르면
먼 길 걸어온 나그네의 마음마저 풀어진다.

파 송송, 새우젓 한 숟갈
고소한 밥 말아 휘저을 때
사람들의 웃음소리 국물 속에 섞여서 들린다.

모르는 사람도 오래된 친구도
돼지국밥 앞에선 가까운 이웃이 되고
부산의 바다보다 더 깊은 따뜻한 품이었다.

따로국밥 (대구)

서문시장 새벽
장터의 종소리와 함께
김 서린 국밥집 문이 열린다.

뜨거운 국물은 따로
고슬고슬한 밥은 또 따로
그리움처럼 두 그릇에 담겼다가
상인의 손끝에서 하나로 합쳐진다.

그릇마다 담긴 온기가
땀 젖은 인부들의 어깨까지
진한 국물 속에서 모두 녹아든다

따로국밥은 언제나 따로 있으나
결국은 함께 어우러지는 삶의 밥상,
대구의 오래된 풍경이다.

나주곰탕

늦은 점심
사람들 드문 식당 한켠에
혼자 앉아 곰탕을 시킨다.

수십 번 삶고 식힌
맑고 깊은 국물 위로
도톰한 양지고기 몇 점

하얀 밥을 조심스레 말아
깍두기 하나 올려놓고 먹노라면
입안에 퍼지는 나주 사람들의 온기

허기진 마음도 살포시 달래주는
뚝배기 한 그릇의 곰탕
숟가락 소리만 맴도는 적막한 순간

"국물 좀 더 드릴까요?"
"괜찮아요, 충분해요" 대답했지만
사실은 더 받고 싶었다.

말없이 먹는 노인
사 먹는 밥인데도 이상하다.
자꾸 마음이 집 쪽으로 기운다.

제 2부
밥상 위의 이야기

민물장어 한 점

복날이면
장터 장어집 앞엔
숯불 향이 먼저 손님을 부른다.

통통한 민물 장어
살집은 도톰하고
굽히는 불판 위에선 윤기부터 먼저 익는다

양념이 숯불에 지글지글, 그 향
옆자리 어르신은 막걸리 한 사발 들고
"이거지 이거야" 하신다.

하나둘씩 쌈을 싸서
깻잎 위에 얹으면
몸보다 마음이 먼저 스스로 풀린다.

복날의 더위도
장어 한 점에 눌려 눕고
나는 다시 이 여름을 걸어갈 힘을 얻는다.

복어탕

바람이 눅눅한 날
회색 하늘이 낮게 내려앉고
입맛마저 조용히 접힐 정오

복어탕 식당 문이 열린다.
벌겋게 끓는 냄비 속 복어 한 마리
고요히 속을 열고 있다.

살점은 부드럽고
맵사 하면서도 맵지 않게 한 숟갈
개운한 맛이 속까지 눈을 뜬다.

위험을 품었다는 그 생선
그러나 조심스레 다뤄낸 맛은
도리어 더 깊고 따뜻하다.

복어탕 한 그릇 앞에 앉아
문득, 이런 생각,
"오늘도 잘 살았다"
그 한마디에 국물처럼 오래 남는다.

연어 (후라이펜 위의 마음)

비 오는 날
아내가 연어를 사 왔다.
지글지글 그 향, 소리를 따라가면
후라이팬의 땀방울이 반짝인다.

도톰하고 연붉은 살집 위
맛소금을 살짝, 한 점씩 뒤집는 순간
스치는 마음 하나
말보다 먼저 익어 가는 후라이팬 위의 마음

나는 그 고소한 향기를 삼키며
도톰한 살점으로 하루를 견디고
묵은 피로 대신 팬 위의 뜨거운 정을 삼켰다.

한 생을 구워온 우리의 세월
오늘도 아내 의 손끝에서 진심이 우러나고
나는 그 향기 속에서 세월을 건너왔다.

육개장 끓이기

마트에서 산 소고기 한 봉
부엌에 끓는 소리 퍼지고
대파가 눕고
고기는 푹 고아 결마다 찢어서 풀고 있다.

누구는 손으로 토란대를 씻고
고사리도 찢었고
익숙하진 않아도 서툴진 않았다.
"팔팔 끓여야 제맛이 나와" 누군가의 말

고춧가루, 파, 마늘,
간장, 기름, 후춧가루로 양념하여
실파를 썰어 넣고
끓이기 시작하니 서울 생각이 났다.

말없이, 묵직하게, 다정하게
육개장이 내 마음을 데우고 있다.
국물은 서울 냄새와는 다르지만
한입 떠 넣는 순간 그리움과 같은 온도였다.

양장피

유리 빛 하얀 접시 위에
채소와 해물이
고운 무늬로 놓인다.

겨자 향이 살짝 스치면
봄바람 같은 향기들이 문틈으로
퍼지고 손님들을 부른다.

전분 색들이 물결치고
양장피의 화사한 설렘이
한 상에 모여 색채를 완성한다.

창밖엔 해가 기울고
그릇 속엔 따뜻함이 남아
누군가의 하루를 부드럽게 감싸안는다.

짜장면 2

달궈진 웍에서 기름이
번쩍이며 춤추고 춘장은 불 향을 머금고
깊은 어둠처럼 고소해지고
양파는 하얀 숨을 내뿜으며 빛을 지핀다.

고기와 감자는
작고 단단한 리듬을 이루고
소스는 윤기 어린 파도처럼
면발 위에 흘러내린다.

그릇 위에 올려진 완두콩 한 알
싱그러운 청춘의 마침표처럼 반짝이며
"이 맛이 바로 지금의 시간"이라고 말해준다.

그래서 짜장면은 단순한 한 끼가 아니라
젊은이들의 입맛 속에서
기호와 추억이 함께 끓어오르는
도시의 노래가 된다.

해물누룽지탕

바삭한 누룽지 위로
해물이 담긴 국물이 쏟아진다.

처음엔 소리로 온다.
자작자작
마치 파도가 밥 위로 밀려오는 것처럼

문어, 새우, 바지락
바다에서 건져 올린 시간 들이
밥알 틈에 고요히 스며든다.

국물은 따뜻하고
입 안엔 바다 냄새와
그리운 집 냄새가 같이 머문다.

젓가락을 내려놓고 숟가락을 들면
사람은 혼자서도
온기를 받아먹을 수 있다는 걸 깨닫는다.

탕수육

노릇노릇한 옷을 입고
접시에 누운 바삭한 사이로
은은한 고기향이 피어난다.

달콤 새콤한 소스 속
파인애플 당근 양파가
와르르 쏟아지는 순간

겉은 바삭 속은 촉촉
노을빛을 품고
웃음도 바삭바삭 부서진다.

포크 끝에 걸린 한 조각
달콤함과 따뜻함이
하루의 피로를 부드럽게 감싼다.

열무김치

땅에서 갓 올라와
물 한 바가지 맞고 몸을 흔든다.
뿌리까지 푸르른 그 마음
여름이 처음 담긴 소리 같다.

고춧가루 솔솔,
다진 마늘 콕콕
새우젓 한 스푼이 비밀처럼 풀릴 때
한 포기 열무가 국물 속에서 살며시 웃는다.

"이제야 제맛이다"라며

아삭, 첫입에 퍼지는 풋풋한 향
젓가락 끝에 여름이 매달리고
밥 한술, 냉국 한 모금, 한 끼가 찬란하다.

식탁 한 켠, 열무는 말없이
더운 하루를 식히고
입맛 없는 날에도 푸르게 속을 다독인다.

샤브샤브 저녁

투명한 유리 냄비 속
팔팔 끓는 물결 위에
하얀 김이 꽃잎처럼 피어난다.

소고기 한 점 살짝 담그면
순간에 붉음이 사라지고
부드러운 빛깔이 피어오른다.

팽이버섯, 배추, 청경채
하나씩 내려앉을 때마다
국물은 깊고도 맑아져
오늘 하루의 피로까지 녹여준다.

옆자리 친구는
국물 한 모금에 "캬"하고
소스에 찍어 밥까지 말아 버린다.

젓가락 끝에
따뜻함이 묻어나는 식사
모두의 웃음이 김처럼 은은히 퍼져간다.

궁전산들애

독산동, 옛집 같은 한정식집
주인은 요리계의 "명장"
문학을 좋아하는 동호인 모임이다.

간장게장, 구운 불고기, 감자전
그리고 가운데는 단정한 코다리찜
이름 몰라도 입에 잘 맞는 많은 반찬

말은 없고 모두의 숟가락이 바빴다.
이때 한 사람의 작은 감탄사
"오~~ 이 게장은---"하고 멈췄다.

한 점의 간장게장이 말한 것이다.
그 짧은 말끝에 알 수 없는
시와 수필이 담겨있어 모두가 살짝 끄덕였다.

우리는 따로 무엇을 쓰지 않아도
이미 그 자리는
문학보다 더 정갈했고 말보다 더 깊었던 점심이다.

불고기

옥상에 걸린 노을빛
저녁 바람에 숯불 냄새가 섞인다.
불판 위 고기엔 하루가 노릇하게 구워진다.
아들은 집게를 들고 굽는다.

타지 않게 뒤집는 며느리 손등
조심조심 식구들의 저녁을 지킨다.
"아버님 이거 다 익었어요"
그 말에 누구랄 것도 없이 젓가락이 바쁘다.

기름방울이 튀는 순간마다
작은 추억들이 익어간다.
아내와 아들 내외, 손녀들의 웃음
그 사이로 도시의 불빛이 어울려 춤춘다.

밤이 내려앉는다.
불판의 불이 사그라들고
식구들의 웃음은 별빛으로 번진다.
나는 그냥 자리에 앉아 있는 것으로도 좋다.

숯불갈비

숯불 위에 고기를 올린다.
재와 불 연기와 기다림
기름 한 방울 떨어질 때마다 기억이 튄다.
어디쯤 가슴 속으로

갈비뼈 사이엔
한 생의 무게가 있고
그걸 불로 구워 입안으로 옮긴다.

먹는다는 건
타오르는 무엇과 가까워지는 일
소는 불 가까이서도 울지 않았다.

삼겹살

달궈진 불판 위에 고기가 놓인다.
지글 지글
시간이 익기 시작한다.

기름이 튀고 연기가 눈을 찌른다.
그런데 왜일까.
이 연기 속에서 문득 사람이 그립다.

소금만 찍어도 좋고
쌈장에 마늘 얹어도 좋다.
삼겹살은 말 많은 사람도
말 없는 사람도 다 받아 준다.

어느 저녁 불판 앞에 앉아
누군가 나 대신 고기를 뒤집어 줬을 때
나는 그게
사랑의 다른 이름이라는 걸 비로써 알았다.

아구찜

바다를 오래 품었던 생선
매운 불길 속에서
조용히 살을 내어준다.

아구찜 한 접시 안에선
흐물흐물 부드러워진 살결
한 점 입에 넣고 눈을 감으면
아삭한 콩나물과 미더덕이 조용히 속삭인다.

얼얼해지는 입술
쫀득한 살점 사이로
어느 항구의 내음이 스며들고
땀 한줄기와 웃음이 식탁 위에 피어난다.

입술 끝에 남은 매운맛은
살아온 날들의 따뜻한 삶의 양념이고
한때의 고단함을 덜어주는 맛이다.

부대찌개

모든 게 섞여 있다.
햄, 김치, 라면 사리, 파, 고추
그리고 조금은 모자랐던
어느 시절의 따뜻함

뚝배기 안에서
가난도 끓고, 웃음도 끓는다.
군대 얘기, 친구 얘기가
한 숟가락에 묻어 나온다.

지나간 날들의 흔적이
국물 속에서 풀어진다.
비슷비슷한 재료가 모여
하나의 맛이 되는 것처럼
우리도
그렇게 어울려 살아가는 것일까.

된장찌개

메주콩을 삶아 띄우고
햇볕과 바람, 세월에 버무려
장독 속에서 깊게 숙성된 게 된장이다.

구수한 향기 장독대 속 세월이
냄비 안에서 두부, 호박, 감자와 파, 마늘,
고추를 넣고 다시 끓이면 된장찌개가 된다.

소박한 된장찌개는
담백질과 발효가 빚어낸
깊은 맛으로 속을 달래주고
구수한 향기처럼 마음을 푸근히 감싸준다.

구수함 속에 숨은 콩의 힘
세월의 맛이 밥 한 공기를 다 안아주고
소박한 채소들이 어깨를 맞대며
시골 장터의 정을 담아낸다.

한 숟가락 떠올리면
어머니의 손맛이 먼저 와 닿고
고단한 하루의 짐이 순식간에 녹아내린다.

오리백숙

복날의 태양은
창을 뚫고 들어와
기운 빠진 등줄기를 타고 흐른다.

그때 솥뚜껑을 열면
오리 한 마리 푹 삶은 살결
인삼 향이 먼저 일어난다.

대추가 툭, 마늘이 툭툭
속 깊은 데까지 우러난
맑고 뜨거운 국물 한 숟갈

한입 넣자 지친 피가 돈다.
몸이 먼저 고개를 든다.
"이 맛이 여름의 버팀목이구나"

바람보다 뜨겁게
한 상을 비워놓고
땀과 함께 생기가 돌기 시작한다.

오리백숙 한 그릇은
여름의 숨통을 트이게 하는
약이자 위로다.

유황 오리백숙

간판도 오래된
유황오리 식당에 들어서면
먼저 들리는 건 국물 떠먹는 소리
그리고 땀을 닦는 웃음소리

은색 찜기 뚜껑이 열리자
솥 안에서 김이 한소끔 피어오르고
유황 오리는 진득한
육수에 잠겨 약초 냄새를 품어낸다.

마늘, 황기, 찹쌀, 대추가 배려하듯
퍼져 있는 국물 한 숟갈 떠먹는 순간
"야 이거지"
옆 테이블 아저씨가 감탄을 쏟는다.

에어콘은 시원하지만
등줄기에 땀이 흐른다.
기운이 돌고 속이 편안해지는 게
몸이 먼저 알아차린다.

김치찌개

배추를 소금에 절이고
고춧가루, 마늘, 생강, 젓갈로 버무려
익힌 발효의 시간과 그 산물이 김치다.

잘 익은 김치가 돼지고기와
두부, 파와 마늘 향 함께
냄비 속에 넣어 보글보글 끓이면
빨간 국물로 변해 밥상 위의 주인공이 된다.

아삭한 김치의 숨결과 냄새
젓갈 맛이 살아 숨 쉬고
밥 위에 척 올려 한입 먹으면
그건 김치맛이 아니라 아내의 마음이었다.

아이들이 더 먹고 싶어 하면
아내는 엷은 웃음꽃이 피고
나는 그 웃음꽃 속에서
세상이 다 따뜻해지고 마음이 푸근해진다.

김치찌개 한 냄비
그건 단순한 찌개가 아니라
우리의 땀방울 삶 속의 피로를 씻어 내고
불꽃처럼 심장을 데워준 아내의 사랑이었다.

미역냉국 1

바다의 실핏줄
푸르게 뻗은 미역 한 줌
찬물 속에서 바람처럼 흔들릴 때
여름도 한숨을 식힌다.

새콤한 식초 한 방울
참기름 빛 고운 윤슬*
오이채 툭 얹으면
한 사발 속에 파도 소리 스민다.

숟가락 뜨는 순간
입안 가득 서늘한 파도가 밀려오고
속이 투명해진다.
햇볕도 잠시 눈을 감아준다.

식탁 위에 작은 바다가
더위는 물러가고
미역은 입맛 따라 출렁인다.
땀 식힌 얼굴마다 몸속엔 바람이 지나간다.

---

*윤슬-햇빛이나 달빛이 물결 위에 반짝이는 모습

도토리묵 냉국

햇살은 아직 뜨겁지만
그릇 안엔 시원한 바람이 일고
맑은 묵 한 사발은 흙빛 속에 감춰둔
나무의 구수한 산의 향기를 그대로 품어낸다.

오이채가 바람결처럼 떠 있고
여름 하늘 구름처럼 흩어지는 김가루,
매운 양념장 올려 파 송송, 깨소금 솔솔
소박한 들판의 향기를 사랑의 손길로 얹어준다.

국물 한 숟갈에 숲을 삼키는 듯
온몸에 스미는 시원함은 약수터에서
떠온 듯 맑고 도토리의 구수함은
입안에서 그리운 숲의 향기가 가슴에 스며든다.

여름의 더위도, 마음의 번민도
시원한 국물 속에 천천히 씹어 삼키는 순간
오늘의 점심은 맑은 위로가 스며든
숲이 건네준 한 그릇의 정겨운 선물이었다.

버섯전골

둥근 전골냄비가 상 위에 놓이고
가을 숲을 담아 온 듯 진한 향을 갖는
표고를 넣고 맑은 육수를 가만히 끓인다.

느타리는 소박한 웃음을 풀어내고
팽이는 가느다란 줄기들이 모여 앉아
잔잔한 웃음소리처럼 흔들린다.

새송이의 하얀 몸통은 기둥 같고
배추와 쑥갓은 푸른 바람을 가져와
국물에 신선한 숨결을 불어 넣는다.

하얀 두부는 담담히 앉아 자리를 밝히고
소고기는 은은한 힘으로
국물 깊숙이 진한 온기를 퍼뜨린다.

버섯전골은 그건 먹는 음식이 아니라
마음을 감싸주는 온도다.
따뜻한 이야기로 사람과 사람을 이어준다.

시금치 무침

소금물에 살짝 데쳐
연두빛 숨을 살려낸 시금치
다시 찬물에 헹구니 봄이 퍼집니다

들기름 한 방울,
마늘 살짝, 참깨 툭툭--
"한 입 먹고 싶지?" 향이 먼저 속삭인다.

첫 젓가락엔
고소함이 먼저 입술을 감싸고
곧이어 퍼지는 시금치 특유의 달콤함
풀잎이 설탕 없이 말하는 단맛

씹을수록 부드럽고
입안 깊은 데서 툭--
누군가의 손맛이 피어납니다.

입맛 없던 날에도
한 사발의 밥을 부르는 이 푸른 맛
소박하지만 **빠지면 허전한**
우리 식탁의 주인공, 시금치 무침

청경채 볶음

달군 팬 위에
마늘 한 조각
기름이 지글거리면
청경채가 사뿐히 눕는다.

숨이 들락날락
푸른 잎이 부풀어 오르다
살짝 투명해질 무렵
소금 한 꼬집, 간장 몇 방울

순하디순한 그 잎사귀가
은근한 불 앞에서 슬며시 말을 건넨다.
"나는 꾸미지 않아,
그저 살아 낸 맛이야."

젓가락으로 한 입 집어
입에 넣으면 바람 같은 식감
그리고 한낮 볕 아래 반짝이던
밭의 고요가 따라온다.

짚불장어 (기장에서)

푸른 바다 물결 위에
햇살이 부서지는 저녁
포구에는 짚단 불길이 활활 타오른다.

타닥타닥 불 위에 놓인 장어
짭짜름한 바다의 기운과
짚불의 고소한 향이 얽혀든다.

한입 머금으면 고소한 육즙 속에서
바다가 출렁이고
짚불의 온기가 가슴에 오래 남는다.

짚불장어는 단순한 별미가 아니라
사람과 사람을 맺어주는 불빛
부산 기장이 품은 바다의 향기였다.

포항 과메기 (포항)

겨울 바닷바람 맞고
조용히 말라가는 꽁치였던 시절을 잊고
이젠 과메기가 되었답니다

푸석한 육지의 찬바람 속에서도
기름기 도는 속살은
바다의 기억을 꾹꾹 눌러 담았고

막걸리 한 사발에
김 한 장 펴서 마늘 배추 쪽파까지
얹고선 쌈 싸 먹는 그 맛이란---

짭짤한 건 입안이지만
풀리는 건 속,
고소한 맛에 녹아내리는 건 마음이다.

겨울은 춥다지만
정감 넘치는 포항의 과메기 한 점이면
속이 먼저 봄이 된답니다.

안동 간 고등어 (안동)

비린내 날 새도 없이
소금에 꼬박 이틀을 묻혔단다.
안동 재래시장 구석 어물전
파란 고무대야 위에 누워있다.

소금에 속을 절여 햇볕에 말려낸
세월 맛 나는 고등어
"간이 딱 좋아 예."
할매 말 믿고 한 손에 들면 묵직하다.

손맛은 짠맛 속에서 익고
풍미는 기다림 속에 깊어져
한 점 베어 물면
살결 사이로 낙동강 바람이 스친다.

비린 세상도
한 그릇의 밥과 함께 삼키게 해주는
그 짭조름한 위로,
입안 그득 퍼지는 맛은 안동 간 고등어

도리 뱅뱅이 (금산)

작은 생선들이 둥글게 모였다.
마치 오래된 이야기처럼
원을 그리며 둘러앉아 있다.

뱅뱅 그 이름처럼
모난 것없이 구워진 살 속엔
고운 민물 내음이 숨 쉬고
고추장 양념은 정겹게 서로를 감싼다.

한 점 입에 넣으면
바삭하고 퍼지는 고소함과 매콤한 속내
뼈째 우물우물 씹다 보면
강물 흐름과 아낙의 손맛이 함께 배어있다.

금강 국도변 어느 식당
창밖엔 수풀 넘어 강물이 서서히 흐르고
접시 위에 펼쳐진 이 원 하나가
참 이상하게도 마음을 동그랗게 만든다.

섬진강 재첩 회무침 (섬진강)

새벽 물안개 걷히는 강 언저리
바지를 걷어 올린 어깨들이
모래톱을 헤집으며 재첩을 건져 올린다.

작디작은 조가비들
햇살에 반짝이며 체에 담기고
강물 냄새 묻은 손끝엔 고향의 땀이 배어난다.

부엌으로 옮겨진 작은 생명들
고춧가루, 다진 마늘 한 줌, 파릇한 미나리,
초고추장 한 숟갈에 알알이 버무려지는 재첩

한 숟가락 입안에 넣는 순간
은빛 강물이 혀끝에서 춤을 추고
봄풀의 그리움 같은 향이 코끝을 찌른다.

강을 품은 사람의 삶처럼
재첩 회무침 한 접시는 맑고 짭조름하며
그릇 위엔 선명한 섬진강이 다시 펼쳐진다.

순천 꼬막정식 (순천)

갯벌이 숨 쉬는 순천만의 아침
바람 따라 은빛 파도 속에서
살아 오른 꼬막이 식탁 위에 올랐다.

작은 그릇 가득 차오른 꼬막무침
빨갛게 버무린 빛깔 속에
바다의 달콤한 숨결이 숨어 있다.

초장에 살짝 찍어 먹는 한 점
입안 가득 퍼지는 짭짜름한 바다향에
흰 쌀밥이 순식간에 사라진다.

수수하지만 푸짐한 한 상
밥 위에 올려진 꼬막무침은
매콤한 양념 속에서도 바다를 품는다.

그 맛은 단순한 반찬이 아니라
바닷가 사람들의 정겨운 인사처럼
다가와 순천의 풍경을 한입에 안겨준다.

대구찜갈비 (동인동에서)

찜갈비 골목길을 가면
은은한 간장 향과
매콤한 고춧가루 냄새가 바람에 실려 온다.

커다란 철판 위
두툼한 갈비가 보글보글 숨 쉬며
마늘 대파 양파와 함께 양념에 깊숙이 젖어 든다.

한 젓가락 집어 들면 부드러운 살결 속에
달콤함과 매콤함이 어우러지고
밥 위에 얹으면 순식간에 사라지는 그리움이 된다.

시장 사람들의 웃음과
뜨거운 땀방울이 배어있는 국물
그 속에서 대구의 동인동 인심이 진하게 보인다.

찜갈비 한 그릇 속에는
먼 길 손님도 오래된 벗도
다 함께 어울릴 수 있는 따뜻한 자리가 있었다.

갈치조림 (제주)

붉게 끓는 양념 속에서
은빛 비늘은 아직도
바다의 숨결을 지켜내고 있다.

무와 감자가 푹 고아진 국물
그 위에 매콤한 고춧가루가 흩어지면
바람이 스친 제주의 감귤밭처럼
상큼한 내음이 마음을 적신다.

젓가락 끝에
속살은 촉촉이 부드럽게 풀려
흰 구름처럼 흩어지고
한 점마다 파도 소리가 마음속을 데운다.

살포시 풀린 흰 살
밥 한 숟갈 위에 얹히면
매콤한 향 사이로
섬과 바다의 풍경이 다 모여 앉는다.

옥돔구이 (제주)

숯불 위에 올리자마자
치익- 기름방울 터지며
노릇노릇 구워지며 퍼져가는 향기에
밥상은 이미 바다향으로 물든다.

겉은 바삭 속은 촉촉
젓가락 끝으로 살짝 집어 들면
포슬포슬한 흰 살이 뜨겁게 흩어져
입안 가득 바다의 달짝지근함이 번진다.

흰 살 한 점 머금으면
바다와 오금이 다가오고
혀끝에 감기면 짭짜름한 맛 사이로
파도와 감귤빛 햇살이 밥 위에 배어든다.

옥돔 한 점, 밥 한 숟갈
그 순간 작은 저녁 밥상이 넉넉한
제주가 되어 입안 깊은 곳까지 밀려온다.

춘천 닭갈비 (춘천)

연기가 먼저 손을 내민다.
간판보다
빨간 양념 냄새가 골목을 안내한다.

닭과 양배추, 떡과 고구마
철판 위에선 양념과 뒤섞여 익어가고
그 아래에선 웃음이 익어간다.

입에 넣으면 맵고 달고
한쪽 입술 깨물며 나누는 마음도
고추장처럼 은근히 번진다.

누군가는 쌈을 싸 먹으며
볶은 밥은 꼭 먹어야만 한다고
눌은밥 긁어내던 그 숟가락 소리

그게 바로
춘천 닭갈비의 후렴이다.

초당두부 (강릉)

동해의 파도 소리 깃든 새벽
솔숲 사이 바람이 지나
맑은 바닷물을 품어 온다.

그 물로 간을 맞추어
하얀 두부가 조용히 빚어질 때
바다는 곁에 앉아 순한 미소를 건넨다.

따끈한 두부 한 점
입안에서 부드럽게 흩어질 때
고단한 마음마저 풀어지고
담백한 맛 속엔 소박한 행복이 스며든다,

강릉의 초당두부는
식탁 위의 한 끼가 아니라
바다와 숲 그리고 사람의 마음이
함께 익어 가는 순한 약속이었다.

부산어묵 (부산)

저녁 불빛이 번지는 남포동 거리
스테인리스 국솥 위로
김이 하얗게 피어오르면
사람들의 발걸음이 저절로 멈춘다.

어묵 꼬치 하나 집어 올리면
그 속에는 바닷바람 따라온 고향의 맛과
골목의 기운 따라 시장 웃음소리가
입안 가득 따스하게 번져간다.

맑은 국물 한 모금
목구멍을 타고 내려가는 순간
쓸쓸했던 하루가 녹아내리고
서로 다른 이웃과도 웃음으로 이어진다.

분주한 항구 도시의 밤
손바닥 크기의 어묵 한 장에도
부산 사람의 정이 뜨겁게 살아
추운 마음을 덮어준다,

서천 대합조개탕 (서천)

아침 햇살 스며드는 작은 식당
나무 테이블 위 김이 모락모락
투명한 국물 속 조개들이
서해의 이야기를 속삭인다.

손으로 하나하나 조개를 잡으면
따뜻한 껍질 속 바다의 숨결
바닷물과 모래 냄새가 섞인 깊은 맛
입안 가득 번지며 마음속까지 촉촉해진다.

국자에 담긴 국물 한 모금
속을 풀어주는 따스한 바다의 이야기
젓가락 부딪히는 조개의 노래
작은 파도는 식탁 위에서 흔들린다.

창밖으로 스치는 서천 바닷바람
갈매기 울음, 갯벌 내음,
포구의 배들이 하루를 시작하는
모든 풍경이 국물 속에서 서서히 녹아든다.

제3부
먹거리와 삶의 풍경

갈비탕의 情정

은빛 김 서린 그릇 위로
속 깊은 국물
오래도록 삶아낸 마음이 흐른다.

뼈마디마다 시간이 들러붙어
부드럽게 풀린다.
마치 굳었던 말 한마디처럼

젓가락 끝에서
흩어지는 고깃결처럼
소소한 위로가 혀끝에 번지고
고요한 오후가 국물 속에 잠긴다.

누군가의 손길이
그 속에 녹아 있다면
그건 情(정)일까.
아니면 사연도 없는 따뜻함만일까.

삼계탕 1

장독대 위로
태양이 쨍쨍 삶아 올리는 여름
입맛은 달아나고 기운마저 땅으로 꺼지는 날

통닭 속에 찹쌀을 채우고
마늘 대추 인삼을 꼭꼭 눌러 담아
말없이 뚜껑을 덮고는 불을 지핍니다.

끓는 물 위로 시간이
뽀얗게 피어오르면
숨 고르듯 한 숟가락 떠올릴 때
뜨거운 국물 속에 잃었던 기운이 되살아나고

마주한 가족의 얼굴마다
땀을 흘리며 작은 웃음꽃이 피어납니다.
이 여름도
삼계탕 한 그릇으로 그렇게 견디는 거지요

감자탕 먹는 가족

식탁 한복판
뚝배기 안에 감자탕이 보글보글
김이 피어오르면 가족도 함께 끓기 시작한다.

"감자 익었네, 얼른 건져!"
"아빠는 뼈만 찾는다니까." "국물 더 줘요, 엄마"

떠들썩한 말 사이
숟가락이 스치고 서로의 그릇에
건져주는 마음, 조용한 정이 밥보다 먼저 퍼진다.

감자는 으깨지고 고기는 뼈를 벗고
국물은 밥에 스며들어 하루의 피로까지 녹여낸다.

이건 그저 식사가 아니다.
함께 있는 시간의 맛이라는 걸
감자탕이 있는 저녁, 세상은 잠시 뜨겁고 평화롭다.

민물매운탕 (강가 식당에서)

금산 가는 길 금강 국도변에서
허기진 나를 불러 앉힌 건
화려한 간판도 아닌 "민물매운탕" 집이었다.

은어, 메기, 빠가사리, 흙냄새 묻은
생선들이 고추장 국물 속에서
제 몸을 풀고 된장 한 술과 다진 마늘이
고요한 냄비에 여름 번개를 떨군다.

무는 투명해지고 미나리는 입술을 씹고
깊숙이 숨겨놨던 속사정마저
펄펄 끓는 국물 앞에 다 녹아버린다.

한 숟갈 떠넣으면
강바람이 입안에서 소용돌이치고
비린 맛 하나 없는 그 담백한 속살에
이름 모를 시골의 평온함이 녹아든다.

그날, 금산은 내게 산보다 깊은
국물을 내어주었다.
그리고 나는 그 맛을 잊을 수 없다.

초복

햇살이 무겁게 내려앉는다.
된장도 숨을 고르고
오이 한 줄기 땀을 훔친다.

뉴스에선 오늘부터 초복이라지만
이미 6월부터 녹아내렸던
땀에 젖은 셔츠와 양말이 증거다.

마트에는 닭과 인삼이
플라스틱 포장 안에서 보양을
강요받는다. "몸보신하세요"

누가 먼저 시작했을까.
식품업계의 상술인지 모르겠다.

이 무더운 여름
피곤한 건
계절이 아니라 나일지도 모르는데.

中伏 중복

문밖 날씨는 불판 같다.
안에는 사우나
밖에 나가도 덥고 안에 있어도 지겹다.

도로변에 서 있는 가로수는
잎새마다 열기를 매달고
닭도 그늘 속에서
목을 길게 빼고 선풍기를 찾는다.

에어콘은 틀자마자 미안해지고
선풍기는 자책하듯 힘들게 돌아간다.
이번 여름도
역대급이라며 기억보다 숫자만 커진다.

어르신들의 우스갯소리
삼복에는 밥맛 없어야 여름이라신다.

닭은 또 삶아지고
그 국물 속에서 힘 한 그릇 길어 올리는 날
중복(中伏) 나는 땀을 흘린다.

해물탕

큰 냄비 안에서
오징어, 새우, 조개, 미더덕, 꽃게가
서로 얽힌 채 바다의 기억을 떠올릴 때
용솟음치듯 끓는 소리가 먼저 도착한다.

따뜻한 국물 속에서
오징어는 파도의 리듬을 타고
꽃게는 붉은 갑옷 속에서
살점의 단단한 비밀을 풀어낸다.

새우가 등을 굽힌 것은
짭조름한 그리움이 우러나고
미더덕의 톡 쏘는 아우성까지
칼칼한 양념이 입안 가득 퍼진다.

창밖 바닷바람 스치고
매콤한 고춧가루가 뜨겁게 심지를 돋우면
식탁 위 젓가락 부딪히는 소리
숨 막히는 열기 속에서 바다를 먹는다.

포도주

포도주잔 속 붉은 달이 일렁거린다.
포도는 과일이 아니라
기억이 되었고 향기는 시간이 되었다.

처음 입을 대면
새콤한 그리움이 스치고 한 모금
천천히 넘기면 누군가의 눈빛이 떠오른다.

이게 꼭
술이라기보다 하루의 쉼표 같다.
누구도 없이 내 마음만 바라보는 시간

첫 잔은 오늘 고생한 나에게
두 번째 잔은 내일의 나에게 권한다.
TV 꺼두고 잔 하나가 나의 친구가 된다.

웃음도 없고 눈물도 없지만
포도주는 묵묵히 듣는 술이다.
잔 하나가 말보다 침묵에 어울리는 친구다.

막걸리 (흐르는 말들)

막걸리는 흰 술이다.
흰색이지만 맑지 않다.
탁한 마음이 조용히 가라앉은 색이다.

흔들지 않으면 진짜 맛은 나오지 않는다.
속을 섞어야 비로써
그 사람을 알 수 있는 것처럼-

입안에 퍼지는 살짝 톡 쏘는 신맛
그 아래
숨겨진 단맛 그것이 사람을 잡는다.

막걸리는 기억이 발효된 술이다.
시간과 쌀과 누룩이 함께
썩는 게 아니라 익는 것이다.

혼자 마셔도 누군가와 나눠도 좋다.
막걸리는 언제나
말보다 먼저 마음을 풀어 놓는다.

슬픈 소주 (혼술)

편의점 불빛 밑
싸구려 소주 한 병에 잔도 없이
병째 마시는 밤은 참 조용하다.

누군가는 둘이서 마시고
누군가는 웃으며 마시고
누군가는 자신을 위한
한 모금의 하루를 털어 넣는다

톡 쏘는 맛
눈물 섞으면 부드러워진다.
말 못 한 말들, 지운 줄 알았던 이름
다 이 한잔 술 속에 떠다니고 있다.

소주 한 병 마셨는데
왜, 속이 더 쓰릴까?
불은 꺼졌고 침묵만이 내 술친구다.

유쾌한 소주 (안주 없어도 돼)

소주는 말이야,
딱 두 잔까지는 철학이고
석 잔부터는 무용담이라 한다.

첫 잔은 "괜찮아"
두 잔은 "뭐 어때"
석 잔부터는 "내가 말이야"

안주는 라면 하나, 잔도 하나
둘이 마셔도 셋이 마셔도
결국 돌아가는 건 똑같은 얘기다.

소주는 웃긴다.
속은 뜨끈하게 데우면서
입은 차갑게 열어 놓는다.

그래도 또 마시고
별 수 있나?
오늘도 건배
"내일 일은 내일의 나한테 건배!"

떡볶이

시장 끝
분식집 창가 김이 오른다.
오래된 의자에 나 혼자 앉는다.

떡볶이 하나 어묵 두 개
떡은 말이 없고 고추장은 진심처럼 붉다.
사이다는 너무 달아 물 한 잔으로 대신 한다.

지나간 날들이 김처럼 피어오른다.
손자녀도 아들도
지금은 모두 각자의 시간 속에 있고

나는 내 입맛에 따라 떡볶이 골랐다.
이 나이에도 약간 매운 게 좋다.
살짝 눈물이 맺혀도 그건 양념 때문일 뿐이다.

달콤하고 매콤하고 조금은 아픈
내일이 두려운 웃음들까지
그저 한 사람의 온전한 삶이 접시에 놓여 있다.

감자의 맛

소금 한 꼬집 넣은
펄펄 끓는 물 속에서 익어가는 감자
껍질을 벗기면 김 사이로
스며 나오는 담백하고 포근한 흙 내음

입안에 넣는 순간
푸슬푸슬 부서지며 속 깊은 단맛이 번진다.
화독에선 숯불에 검게
그슬린 감자의 노란 속살이 스스로 갈라진다.

기다림 끝에 만나는
쫀득하고 구수한 맛
한 입 깨물면 은근한 연기 냄새 속에
속살처럼 맑고 은은하고 깊은 그 든든한 향

삶은 것도 구운 것도 같은 땅에서 왔다.
참은 것, 묵은 것, 다 담아낸 맛
감자는 말이 없다.
하지만 그 맛은 오래 남는다. 어머니 사랑처럼,

짬뽕 2

뜨겁게 달아오른 웍
불길이 붉은 혀처럼 솟구친다.

매운 향은 먼저 코끝을 흔들고
양파와 배추는 사각사각 불에 스치며
젊은 날의 성큼한 발걸음을 닮는다.

홍합, 오징어, 새우가
바다의 노래를 한 움큼 풀어내고
국물은 붉은 심장처럼 끓고 또 끓어 넘친다.

젓가락이 면발을 끌어 올리는 순간,
후루룩- 뜨거운 웃음이 번져
식당 가득 구름 같은 김이 피어난다.

빨간 국물은 청춘의 불꽃
젊은이들은 땀방울을 닦으며 말한다.
"매워도 좋다. 이게 바로 짬뽕 맛이다."

그래서 짬뽕은 단순한 국수가 아니라
뜨거운 오늘을 살아내는 젊음의 불같은 노래가 된다.

복집에서

골목에 옛집 같은 음식점
한낮의 열기가 들러붙는 날
문을 열자,
벽에는 시간이 한 걸음 물러서는 듯
옛 여인이 술잔을 든 눈빛

미나리와 콩나물 사이에
은빛 복어,
소금 대신 속삭임으로 간을 맞추고
미나리가 숨죽이며 속을 달랜다.

콩나물은 늦은 봄비처럼 퍼지며
속을 맑게 하고
복어 한 점 조심스레 떠 올려
입안 가득 담으니 속보다 마음이 먼저 풀린다.

한 수저씩 떠 올릴 적마다
끓어오르는 여름 한낮
식은땀은 걷히고
마음에 시원한 그늘 하나 드리운다.

늙은 단호박

시장에 나간 아내가
껍질은 거칠고 투박한 단호박 하나 들고
텃밭에서 햇살 한껏 머금고 자란 거라며
속살은 말도 못 하게 달 거라 한다.

칼끝에 맺힌 시간을
도마 위에 올려놓고 툭툭 썰어 놓으면
씨앗은 한철을 품고 있고
속살은 해 지는 저녁 빛처럼 무르익었다.

누가 알았으랴
찜통 안에 들어가도, 죽처럼 푹 끓여도
초여름 어린 열매가
이토록 묵직한 위로로 자랄 줄을--

무덥다 싶던 이 몸도
달고 속 깊은 호박죽 한 숟갈 떠넣는다.
세월도, 아내도, 내 마음도
이토록 부드럽게 녹았으면 싶다.

낙지볶음

햇볕은 가만히 등을 짓누르고
선풍기 바람마저 숨을 죽인 오후
나는 냄비 하나 앞에서 진심이 된다.

붉디붉은 양념의 파도가
프라이팬에서 부글거릴 때
낙지 한 마리 불 앞에서 인생을 노래한다.

칼칼한 고추장이 땀구멍을 열고
양파는 사르르 단맛을 쏟아내며
마늘은 씩씩하게 입안을 달군다.

젓가락 하나로
더위를 꺾을 수 있다면
나는 오늘도 맨밥 위에 불을 얹는다.

식은 마음도 데우는 그 매운맛
입속의 번개 혀끝의 여름
그리고 나직이-- 그래 이 맛에 산다.

순대국 2

뽀얀 국물 속
순대가 풍덩 들어앉아
"아이고, 오늘은 목욕탕이네." 한다.

파 송송, 들깨 솔솔

향기는 벌써 시장 한복판을 돌고
수육은 건들건들
술 안주할까, 밥반찬 할까, 고민 중이다.

옆 테이블 아저씨는
"해장엔 이게 최고여!." 하고
고춧가루를 듬뿍듬뿍 얹는다.

국물 한 숟갈에 속이 풀리고
한 그릇 다 비우면
세상 근심도 깔끔하게 비워진다.

육회 (붉은 마음)

진짜는 날것이다.
적당한 마블링과 질긴 심줄 없는 부위
차갑게 반짝이는 접시 위
붉고 매끄럽게 떨어지는 결부터 시작이다.

참깨는 풍미를 흩뜨리고
참기름 한 방울은 숨을 살리고
노른자 하나는 온기가 돌고
한번 휘저으면 젓가락들이 대화를 시작한다.

한점 들어 올리면
"와~~" 말은 고기보다 빨리 녹고
웃음은 소금처럼 흩어지며
씹는 게 아니라 감상하는 것이다.

누군가는 한 점을 남기고
누군가는 마지막 한 점을 양보한다.
그런 마음이
이 붉은 육회보다 더 깊이 씹힌다.

육회 앞에서
고기 한 접시로 서로를 조금씩 익혀온 사람들
붉은 맛이 지나간 자리 입안은 조용해졌고
한 끼와 한 잔 사이에서 조금 더 가까워졌다.

아구찜 속의 바다

바다는 잊었을까.
자신이 한때 물결이었음을

아귀는 말이 없다.
소금보다 더 짠 시간 속을
천천히 건너온 살결이
이제는 매운 숨결로 익어 간다.

지느러미는 다 내려놓고
이제는 뼈마저 부드럽게 말하는 밤
콩나물 한 줌의 숨소리에도
그리움은 조용히 피어오른다.

당신과 맞은 식탁 위
찜 속에서 김이 오른다.
그건 바다가 보내는 마지막 편지
소리 없이 입에 녹는, 오래된 말이다.

그러니까 오늘의 매운맛은
그리운 날들의 흔적이었다.
우리가 삼킨 것은 한 생의 깊은 온기였다.

전복죽 2

바다의 품에서 자란 전복
그 속살은 단단함을 간직하고
내장은 초록빛으로 피어올라
솥 안에 건강을 풀어낸다.

쌀알마다 스며든 바다의 기운
고소한 향기 따라 부드럽게 퍼져
허기진 속을 차분히 달래고
지친 몸에 새 힘을 불어넣는다.

숟가락 끝에 담긴 전복 한 점
바다의 깊은 숨결이 함께 스며
피로는 풀리고 마음은 고요해진다.

오늘의 밥상은
전복죽 한 그릇에 바다와
삶의 기운이 따뜻하게 차오른다.

늙은 호박처럼

햇살 긴 장마를 견디고
여름 끝자락을 지나온 텃밭 한 귀퉁이
넝쿨 끝에 묵직이 앉은 늙은 호박
한 계절이 아니라 한세월을 품은 듯 앉아있다.

껍질엔 주름이 졌고
속은 달고도 진해져 중심을 품었습니다.
마음이란 것도 그렇게 익어 가는 걸까요.

쪄내면 달고
죽을 쑤면 속이 편해지고
말려두면 겨울까지 두고 먹을 수 있는 것

누가 알아줄까 싶어도
누가 찾지 않아도
그 자리에서 묵묵히 계절을 익히는 일
그게 바로 우리 노년 늙은 호박 같은 품이지요.

비빔밥을 열어보며

돌솥 안에
햇살 밥이 지글지글 숨 쉬는 소리
그 위에 채색처럼 고운 나물이 앉았다.

시금치는 초록 마음
고사리는 산골의 깊이를 담고
도라지는 흙 내음 머금은 채 올린다.

다진 쇠고기볶음은 양념처럼
지단은 해처럼 노랗게 웃는다
고추장은 모든 걸 하나로 아우른다.

달걀 노란자 가운데 앉아 있는 풍경
밥솥 밑으로 밥이 눌어가는 소리까지
젓가락을 들기 전 감탄하게 되는 정적

돌솥밥 옆에는 콩나물국
구수한 된장 한 종지 안에는
봄도, 여름도, 산도, 논도
그리움도 다 담겨 있어 고향을 데려온다.

"궁전산들애" 에서 (조용한 감탄)

한낮 햇살이 가만히 스며드는 곳
"궁전산들애"라는 문학책처럼
산들바람 같은 한정식 한 상이 반겼다.

반찬이 많아서
그릇마다 이야기가 문장이 되어
젓가락 사이로 작은 시어들이 오갔다.

간장게장은 정이 먼저 퍼졌고
불고기는 말을 아끼고
코다리찜은 속내까지 익은 듯 조용했다.

나물 반찬은 먼저 속을 어루만지고
음식이 사람을 위로한다는 말처럼
한정식은 음식이었고 음식은 마음이었다.

식사가 끝나갈 무렵
그릇마다 한 줄 시를 쓰지 않아도 이미
마음속엔 "궁전산들애"에서의 시가 적혀 있었다.

떡갈비에 담긴 마음

햇살은 창을 넘어 들어오고
문밖 날씨는 찜통이다.
점심 초대받은 아들 집 식탁에 앉았다.

도마 위에서 속삭이던
소고기와 돼지고기 지글지글
불 위에서 노릇노릇 구워지는 동안

동그랗게 빚어낸 떡갈비
며느리의 손끝은 땀에 젖고
그 냄새는 집안에 가득 채웠을 터.

말없이 퍼지는 단짠의 감칠맛 떡갈비
옆엔 바다를 닮은 연포탕 한 그릇
나는 씹고 삼키고 고마워했었다.

오늘의 점심은 식사가 아니라
서로를 생각하고 아껴주는
그 마음이 더욱 소중한 시간이었다.

돼지족발 (장춘동에서)

철판 위에서 반짝이는 갈색 유광
그 이름, 족발
껍질은 탱탱하고 살결은 부드럽고
기름은 윤기 나는 예술이다.

젓가락이 닿는 순간 탄성 하나 터지고
한 점 입에 넣자마자 모든 고민이 녹는다
마늘? 쌈장? 무김치?
아니 그냥 족발 자체가 답이다.

족발은 말이 없다.
하지만 씹을수록 고소하다가 짭짤해지고
짭짤하다가 또 단맛이 나온다.
장춘동의 밤은 이 족발로 빛난다.

겉은 쫀득하고 속은 촉촉-
이건 음식이 아니라 작품이다.
"그래 인생--- 이 맛이면 됐다"
나도 모르게 고개를 끄덕인다.

전주 콩나물 국밥

아침 햇살이 기웃거리는 시간
뚝배기 속 하얀 콩나물 국물이
김이 모락모락 피우며 손님을 부른다.

콩나물은 바삭하게
고명은 정성스럽게 얹혀 뜨거운
국물 속에서 서로의 온기를 나누며 춤춘다.

한 숟가락 뜨는 순간
살짝 얼큰한 양념과 콩나물의 시원함이
어제의 피로와 마음 한쪽 허기를 씻어낸다.

돌담과 기와지붕 사이로
주인장의 웃음 섞인 목소리가
골목길에 아침 햇살처럼 잔잔히 울린다.

뚝배기 끝까지 들이키면
전주의 넉넉함과 속 깊이 스미는
시장통의 향기가
한옥 골목길 아침의 따스한 숨결로 스며든다.

강릉 물회

동해 바람이 살짝 스친 포구
살얼음 동동 뜬 그릇 하나
고추장 양념이 톡톡 튀고
생선회가 파도처럼 춤춘다.

막 건져 올린 생선회 한 점
오이채, 미역, 배 한 조각까지
시원하게 어울리고 바닷바람과 함께
입안에서 시원한 바다를 펼친다.

땀방울 맺힌 이마 위로
동해의 바닷바람이 스쳐 지나갈 때
살얼음 육수 한 모금 마시면
땀방울도 한순간에 씻겨 내려간다.

젓가락이 바쁘게 움직일수록
여름의 정이 속 깊이 스며드는 물회
포구의 웃음소리 물결소리
바다와 사람이 함께 나누는 대화다

대구 막창구이

달구벌 저녁 골목마다
숯불 연기 피어올라
노을처럼 번지는 향기

노릇노릇 불꽃에 익어가는
쫄깃한 막창 한 점에
긴 하루의 피곤이 풀리고
사람들 웃음이 모여든다.

기름이 지글거릴 때
소금장에 톡, 파송송 얹어
입안에 번지는 고소한 풍경 –
대구의 밤은
막창의 불빛처럼 뜨겁고 환하다.

닭갈비 그날의 불빛

한창 일할 때였다.
해는 길었고 땀은 늘 먼저 흘렀다.
점심은 대충 넘기고
일 마치면 닭갈비 집으로 모였다.

연탄불 피워 놓고 갈비를 올리면
먼저 익는 건
고기보다 사람들 표정이었다.

땀 흘리며 부채질하던 주인아줌마
"이건 조금 태워야만 제맛 있지"
숯 냄새도 양념 같았던 시절이다.

양념은 좀 진했지만
일꾼들 입엔 그게 제맛이라며
막걸리도 돌리고 이야기꽃도 돌았다.

누구는 아버지였고
누구는 막 제대한 뉘 집 아들이었고
나는 그저 같이 막일하는 사람이었다.

그땐 말이 안 통해도 괜찮았다.
땀 흘린 뒤 먹는 한 점의 닭갈비가
말보다 먼저 속을 채웠으니까

그날의 불빛
그 연탄불 앞의 조용한 마음
그건 지금도 내 안에 익어 있다.
식지 않은 채로---

제주 은갈치 조림

감귤 향이 번지는 마을
저 멀리 오름은 푸른 등어리를 펼치고
바람에 실려 온 바다의 숨결이
은빛 갈치에 스며들어 반짝인다.

붉은 양념 지글지글 끓어오르고
은빛 갈치는 두툼한 속살을 드러낸다.
무와 감자가 국물 속에서 녹아내리며
칼칼한 향기, 매콤한 유혹이 퍼져간다.

젓가락 끝에 살짝 집어 올리면
촉촉한 흰 살이 툭, 부드럽게 갈라지고
밥 위에 얹는 순간
뜨끈한 김과 함께 향긋한 바다가 번진다.

제주가 통째로 담겨있는 갈치조림
섬의 맛과 넉넉한 정
섬마을 저녁 풍경이 그대로 다가와
입안 가득 바다와 들판이 번진다.

양평 해장국

술기운은 바람을 떠나고
속은 아직도 지난밤에 머물러 있다.

뜨거운 사기그릇 위에
말없이 놓인 해장국 한 그릇

선짓국은 붉은 기억을 삼키고
양지는 부드럽게 어깨를 눌러준다.

들깨를 풀고
파 송송, 마늘 한 숟갈 툭

오래 끓인 뼈 국물은
말보다 진하고 걱정보다 따뜻하다.

이른 아침 해장국 한 그릇이
사람을 다시 살린다.

묵묵히 먹는 사이
속은 풀리고 마음도 조금은 맑아진다.

제 4 부
과일로 여는 사계절

망고

껍질을 벗기면
해가 속살로 스며든 듯
노란 속살이 쨍하고 눈을 물들인다.
보드랍고 반질반질 그 자체로 이미 군침이 돈다.

풍겨오는 찐한 향기
한 조각 집어 들면 손끝이 먼저 안다.
"아, 이건 정말 잘 익었구나."
한입 무는 순간 달콤한 과즙이 입안에 번진다.

빛이 비치면 속이 살짝 비치고
껍질 가까이는 꿀이 맺힌 듯 반짝인다.
달고 부드럽고 진득한 살결이
혀를 감싸안고 목뒤까지 망고 향이 올라온다.

눈이 저절로 가늘어지고 입꼬리가 올라간다.
입술에 살짝 묻은 즙을 무심코 닦으며
혼자 말처럼 나온다.
"이건, 과일 아니고 여름 자체다. 너무 맛있잖아."

한라봉

조금은 점잔하고 살짝 도도하다.
자신만의 고집을 껍질에 새긴 채
한라산 품에 안긴 햇살을 데려왔다.

껍질은 두툼하고
봉긋한 꼭지는 솟아 있어
어느 과일보다 개성이 뚜렷하고
제 자존심 달고
남쪽 섬의 볕을 통째로 들고 왔다.

한 조각 베어 물면 봄이 미리온듯
쨍한 단맛이 입안에 폭죽처럼 터지고
시큼함은 뒷맛에 잠깐 스치다 사라진다.

연인이라면 이런 맛일까?
입안 가득찬 햇살 그 쨍한 향기
기억에 오래 남는 겨울의 고백
한라봉이라 부르기엔
조금 더 시적인 이름이 필요하다.

귤

겨울 창가에 햇살이 들면
주황빛 귤이 먼저 웃는다
손 닿는 대로
하나씩 집어 툭 껍질을 벗기면

달콤한 향이
먼저 말을 걸고
작은 달덩이 조각 하나
입안에 넣는 순간
은은히 퍼지는 햇살 냄새
눈빛이 번쩍 웃는다

아, 이건, 기억 속 어머니의 손맛
작고 둥글고
가끔은 셔서 눈을 찌푸리게 해도
귤은 언제나 손쉬운 위로였다.

하나 또 하나
대화보다 귤이 많은 저녁
우리 가족은
달콤하고 묵은 시간을 까먹었다.

키위

거칠고 투박한 겉모습
손끝에 닿으면
땅에서 막 올라온 생명의 숨결 같다.

껍질에 칼끝이 스치면
속살 드러내는 초록의 꽃잎 하나
검은 씨앗들 동그랗게 둘러앉아
조용히 이야기를 주고받는다.

새콤한 첫맛
곧장 혀를 깨우고
뒤따라오는 은은한 단맛은
마음 끝 어디쯤 차분히 내려앉는다.

속을 들여다봐야 알 수 있는 것을
키위는 그걸 가르쳐준다.
진짜 맛은 겉이 아니라 속에 있다는 걸

앵두

나뭇가지에 걸린 붉은 숨결
앵두는 조용히 익어간다
햇살은 살며시 말랑해지고
바람은 소리 없이 앵두 빛으로 물든다.

어릴 적 숨어 몰래 따먹던
작은 종 새큼한 알들이 종알종알
입안 가득 퍼지면 여름의 첫맛
한때 누군가를 기다리던 내 마음도 떠오른다.

아직 말랑하지 못한 마음이
옛이야기를 쏟아내고
앵두처럼 익어가는 계절
세월은 흘러도 그 빛깔은 여전하더라.

오늘도 가장 빛나던 순간
앵두를 바라보며 바람은 잎새를 넘기고
나는 그 속에서
내 시간을 조용히 읽으며 꼭꼭 씹는다

체리

붉디붉은
햇살을 머금은 작은 구슬 하나
손끝에 올리자마자
입가엔 저절로 웃음이 번진다.

탱글탱글한 껍질에
반쯤 비친 속살이
마치 장난꾸러기 눈빛 같다.
"나 먼저 먹어 봐" 속삭이는 듯

입술 사이로 데려오는 순간
달고 새콤한 여름의 첫 입맞춤
눈이 살짝 감기고
볼이 발그레 물든다.

아, 이 맛에
해마다 기다려지는 거지
체리 한 알로
입안 가득 피어나는 기쁨

딸기

작은 심장처럼
붉게 맺힌 한 알의 딸기
햇살 몇 줌에 수줍게 웃는다

초록 꼭지 아래 갓 핀 얼굴
어디서 이렇게
맑은 맛이 곧장 자라났을까.

한입 베어 물면, 그 단맛
어릴 적 엄마 치마폭에 묻었던
설탕 냄새가 문득 되살아난다.

씨앗조차 겉에 드러내놓고
숨길 것 하나 없이 딸기는 말한다.
"순한 것이 가장 깊다"라고

봄이 남긴 마지막 입맞춤
딸기 한 알
입안 가득 붉은 웃음이 번진다.

파인애플

오늘 파인애플 몇 조각이
나의 하루를 달콤하게 물들인다.

초록 왕관 쓰고 노랗게 웃는 너
남쪽 나라 햇살 타고
바다 건너와 우리 집 식탁까지 올라왔구나.

칼끝에 뚝 뚝 잘려 나간다.
그 순간에도
달콤새큼 향기 흘러 사람들 입맛을 흘려 놓았다.

금빛 살 한 조각 속에 달콤한 노래를 감추고
새콤한 파도에
혀끝이 먼저 춤추고 뺨에는 여름이 번진다.

이어지는 향연에
입안은 밝은 정원을 이룬다.
열대의 바람처럼 씨앗 없는 너의 웃음만 남는다.

산딸기

오솔길 따라
이슬 머금은 풀숲을 헤치면
어디선가 몰래 피어난 산딸기 한 송이

누구의 허락도 받지 않고
제멋대로 익어버린
야무지고도 순한 열매

빨갛게 웃고 있는
딸기를 손바닥에 올려두면
작은 심장이 뛰는 것 같습니다.

입안에 넣자마자
툭, 터지는 달콤한 여름
뒤에 따라오는 시큼한 추억 한 모금

산딸기
그 이름엔 시절이 지고
그리움이 익어 있습니다.

매실

해마다 여름이면
커다란 유리병에 설탕을
켜켜이 담고 말없이 연두빛 매실을 채운다.
그건 다정한 주문 같았다.

얼마의 시간이 지나면
설탕과 엉켜 눈물처럼 녹아가던 매실은
쓴 마음 하나, 아픈 속 하나
비로써 조금씩 속을 달래주는 약이 되었다.

그래서 매실은 급하지 않다.
익히기보다 견디는 과일이니까
여름의 초입일 때 슬픔을 품고
우리의 마음 어딘가를 건드린다.

입안 가득 퍼지던 그 맛처럼
기억도 천천히 스며들어
맛 속에 엄마의 손, 장독대의 바람까지
그리고 오래된 사랑이 숨어 있다.

살구

살구는 햇살을 닮았지.
해 질 무렵 살짝 붉어진 볼처럼
말이 없이 조용히 익어 간다.
햇살에 뺨을 비비며 속으로만 물들어간다.

익은 살구는
손에 닿기 전부터 부드럽다.
껍질 아래 숨어 있는 한 겹의 슬픔처럼

물컹한 그 맛, 떫지도 달지도 않고
마치 오래된 편지처럼
어정쩡한 맛이 어디선가 씁쓸한 마음을 건드린다.

할머니가 소쿠리에서
건네주던 살구 한 알, 그 빛깔이 떠오른다.
"이건 많이 익었으니 조심해야 해"

그 말이 꼭 인생 같아서 살구는 말이 없지
그렇지만 입안에 넣고 나면
말보다 더 많은 걸 조용히 이야기한다.

토마토

토마토는 햇살을 품고 자란다.
진하게 말없이 속까지 익어
붉디붉은 마음 하나가 된다.

겉은 매끈 하지만 칼끝을 대면
단숨에 터져버리는 무방비한 여름
씹으면 시지고 달지도 않은 물기부터 넘친다.

어릴 적 엄마는 토마토에
소금 한 꼬집을 뿌려서 내주셨다.
달콤도 짭짤도 아닌 그저 마음을 살짝
적시는 맛 아주 묘한 위로가 입안에 남았다.

토마토는 무겁지 않다.
텃밭에서 건네는 말 없는 안부처럼
어쩌면 가장 소중한 방식으로
사랑을 말하는 여름의 붉은 심장인지도 모른다.

방울토마토

작은 별이 자란다.
창가 쪽 햇살 잘 드는 자리에서
스스로 빛을 품으며
말 한마디 없이 익어간다.

하루하루 붉어지는 건
부끄러워서가 아니라
자기를 다 채운 신호다.

손끝에 얹으면
아주 잠깐, 망설임이 있고
그리고 툭 입안 가득 터지는 여름

작은 것 하나를 씹으며
새콤달콤하고 조금은 미숙한 맛
그 작은 붉음이 나를 가만히 위로한다.

자두

탱글탱글하게 빛나는 순간
햇살 아래, 입술 위로
자신을 통째로 던진다.

손에 쥐면 단단하지만
한번 깨물면 시큼한
여름이 순식간에 퍼져나간다.

자두는 기다리지 않는다
잠시만 망설이면 물러버리고 만다.
그래서 더 선명하게 기억된다'

그 짧은 계절 그 짧은 단맛
입안에서 터지면
첫사랑 같은 순간이다.

자두는 오래 남지 않는다.
그 한 입의 충격만큼은
어느 여름 저녁마다 되살아난다.

수박

한여름
태양이 지붕 위를 두드릴 때
푸른 껍질 속은 계절이 익어가고
줄무늬 사이사이 햇살이 숨을 쉰다.

칼끝이
스르르 속살을 가르면 쩍...하고
갈라지며 터지는 소리
수분 가득한 단내가 입안 가득 번진다.

붉은 속살 첫 한입,
시원함이 혀끝에서 터지고
검은 씨앗들 조용히 누워
어릴 적 숨바꼭질처럼 입안 어디론가 숨는다.

여름의 얼굴, 한입 베어 물면
턱 밑으로 달콤함이 줄줄 흐르던 기억 하나
웃음처럼 달콤한 여름 한 철을 뛰게 한다.

복숭아

복사꽃 진자리에 맺힌 복숭아
살결처럼 부드러운 껍질 아래
햇살과 바람, 기다림이 달콤하게 엉겨있다.

손끝에 닿기만 해도 그 연약함
수줍게 물러나는 살결 조금만
세게 잡으면 먼저 상처부터 나고 멍이 든다.

한입 베어 물면 향기는 속삭이고.
혀끝에서 퍼지는 그 달콤한 맛은
아 ! 이건 먹는 게 아니고 느끼는 것이다.

씹을수록 깊어지는 달콤함
처음은 꽃잎처럼 달고 끝은 살짝 씁쓸
잊고 있던 유년의 설렘이 혀끝에 피어난다.

첫사랑처럼 망설이는 단맛
향기는 속삭임이고 맛은 고백이 된다.
"사랑도 그러했었지" 마음 한 자락이 녹는다

바나나

바나나는 고요히 익는다
햇살도 아닌 바람도 아닌
그저 시간만으로 노랗게 물든다.

말없이 익어 가는 것들
서두르지 않고 부드러워지는 마음
바나나처럼 다정하다.

껍질을 벗기면 속살 하나
말랑하고 온순하게 기다리고 있다.
누구든 받아들일 준비가 된 표정으로

지친 하루 끝
어떤 말보다 바나나 하나 건네는 밤이
더 따뜻한 때가 있다.

오늘도 그렇게
조용히 누렇게 물든 마음 하나
내 잠자리 곁에 놓아둔다.

참외

햇살이 알알이 엉키어 붙은
노란 줄무늬의 무늬가 굽어진 선
하나하나에 여름이 다물지 못한다.

단단한 타원형 몸
바람 곁에 토닥이듯
땅의 사랑을 오롯이 품었다.

하얀 살 속에 숨겨둔 고운 향기
첫 이빨 닿는 순간
아! 고향의 웃음이 입안에 번진다.

씨앗 주변의 촉촉한 속살
가만히 씹으면 씹을수록 어릴 적
마당 끝 우물가 그늘이 되살아난다.

여름은 그렇게 달다.
참외 한쪽에도 여름이 통째로 들어있고
그리움이 깊이 박혀있어 혀끝을 깨운다.

무화과

꽃을 피우지 않는다
피지 않고 그저 속으로 핀다
껍질 안쪽 아무도 보지 못한
자리에서 조용히 붉어지는 마음

누군가 쪼개 보기 전엔
그 안에 무엇이 있는지 아무도 모른다.
그래서 더 궁금하고
그래서 더 조심스러운 과일이다.

햇살에도 말이 없고
비바람에도 눈길 주지 않지만
그 속은 다정하고 묵직한 단맛은
가을빛 따뜻한 사랑으로 물들어 있다.

잎은 큼직하고 열매는
작지만 무화과를 먹는다는 건
누군가의 속마음을 살며시 받아주고
조심스러워하는 그러나 아주 따뜻한 일이다.

블루베리

작고 둥근 한 방울의 검은 여름빛
햇빛에 머금은 듯
껍질은 푸른 빛으로 반짝이고
속은 어딘가 모르게 그늘진 숲길이다.

입에 넣자마자
처음은 조금 시고 곧 이어지는
단맛이 그리움처럼 번져온다.

씹을수록 묵직한 향
작은 별 하나같은 열매 속에
여름 내내 응축된 시간이 있다.

달지 않아서 좋고
너무 시지 않아서 자꾸만 손이 간다.
곁에 있으면 자꾸 마음이 기우는 사람 같다.

라즈베리

작은 숨결 같은 열매
햇살 아래서 살짝 반짝이는 붉은 빛

입술 닿기 전부터 향기가 말을 건다.
조금만 힘을 주면
쉽게 으스러지는 마음 같은 것

한 알 입에 넣는 순간
산뜻하게 퍼지는 산미가 도는 과일
그 아래 숨어 있던 달콤함이 고개를 든다.

짧지만 선명한 맛
잊혀 질 듯하다가도
문득 다시 떠오르는 사람처럼

그리움도 이렇게 생겼을까?
만질 수는 없지만
한 번 스치면 오래 남는 그 촉감처럼.

메론

처서가 지나
햇살이 유순해질 무렵
조용히 메론 하나를 잘랐습니다.

칼끝이 속살에 닿는 순간
방 안 가득 퍼지는 달콤한 향기
그건 어쩌면 여름의 마지막 숨결이었습니다.

결 따라 손가락이 들어가고
연둣빛 살점, 수분 가득한 살결 속,
잘 익은 여름 햇살이 혀끝에서 터졌습니다.

입안에서 스르르 녹는 맛은
부드러움 끝에 맺힌 달콤함이 퍼져
마치 오래전 누군가의 다정한 목소리 같았습니다.

거봉 포도

해를 품은 보랏빛 무게
한 알 한 알
둥글고도 묵직한 말 없이 익은 것들

덩굴 아래 손 내밀면
마치 오래 기다렸다는 듯
말랑한 살결로 다가와 잡힌다.

껍질 한 겹 벗기면
태양의 단맛이 터지고 깜박
잊고 지낸 여름의 웃음이 터집니다.

저마다 속 사정 감추고
한 송이에 모여 앉아
그윽한 향기만 흘리는 거봉 알들

어쩜 이 짧은 계절 속에
이리도 진실하게 달아오를 수 있을까.
오늘도 한 알의 거봉 앞에서 잠시 숙연해진다.

포도

햇살을 품은 작고 둥근 알
한 송이 포도를 들면
가을이 조용히 말을 걸어 온다.

작고 단단한 알맹이마다
햇살이 오래 머문 자국이 있고
그 속엔 말없이 익은 시간이 스며 있다.

손바닥 위 작은 우주 한 알을
입에 넣으면 탱글한 껍질이
먼저 입술에 닿자 먼 기억이 툭 터진다.

빛을 많이 받은 쪽은 더 달고
그늘에서 자란 쪽은 조금 시다는 것
인생도 포도알 같다는 생각

달콤함이 먼저 몰려왔다가
조금 늦게 쓸쓸함이 스며든 듯한
그리움도 이렇게 익는 걸까 생각 든다.

배

가을 햇살을 오롯이 품어
투명한 빛으로 익어가는 배
도마 위에 올려놓고
칼끝으로 사각사각 조심스레 베어 낸다.

흘러나오는 맑고 달콤하고
상큼한 물맛이
혀끝에 닿기도 전에
목마른 기억들이 먼저 다가온다.

햇살 속에서 반짝이던
그 맑은 향기
어릴 적 시골 마당의 바람처럼
마음 깊이 스며든다.

배(梨) 한 알 속엔
서늘한 우물의 물빛과
어머니 손끝의 사랑이 숨어 있어
오늘도 그리움처럼 입안 가득 번져온다.

모과

울퉁불퉁 거친 껍질
쉽게 마음 주지 않는 얼굴
하지만 방 안에 하나 놓아두면
조용히 모든 공기가 달라진다.

말없이 자신의 향기를
퍼뜨리는 존재가 참사람 같다.
칼을 대도 쉽게 썰리지 않는
견뎌온 굳은살 같은 인내가 있다.

익어도 노랗게만 변하고
달다 하지도 않지만 오래된
향 하나로 긴 겨울을 건너게 한다.

모과는 말이 없지만
곁에 오래 두고 나면
문득, 그리운 사람처럼 생각이 납니다.

감

햇살 머금은 감 하나
말없이 익어가는 그 속엔
여름을 이겨낸 인내가 있고
가을을 껴안은 단맛을 갖고 있다.

입에 넣는 순간
말랑한 살결 사이로
어릴 적 뒷마당이
물든 계절의 빛깔처럼 스며든다.

지금도 감을 보면
감나무가 흔들리고
그때 그 단맛, 촉촉한 그 느낌
그 따스한 손길이 혀끝에 내려앉는다

가을은 참 달다.
감 하나가 이렇게도
긴 시간을 품고 이토록 달콤할 줄은…
말없이 익어가는 감나무 주황빛 고요처럼

밤

밤송이는 작은 성채다.
갈색 보석을 품고 있는 초록 가시울타리
손끝에 스치는 날카로움
조심스레 틈을 벌리면 밤알이 별빛처럼 드러난다.

단단한 갈색 껍질을 벗고
속 껍질 벗겨야만 드러내는 베이지색 속살
가을의 보물 조심조심 칼집을 내듯
마음도 그렇게 조용히 다가가야 한다.

차가운 달빛이 스며든 듯
깊어가는 계절의 향기와 군불 지펴 삶아낸
구수한 밤 하나
속은 포근하고 겉은 어느새 추억 냄새가 난다.

밤을 까는 순간은
가을이 남긴 마지막 비밀을 열어보는 일
입에 넣으면 소리 없이 퍼지는 단맛
그건 어쩌면 말하지 않아도 알던 고소한 맛이다.

은행

가을 끝자락
노란 꿈 툭 떨어진다.
찰나의 햇살 품은 매실 만한 은행알

누군가는 보물이라 부르고
누군가는 그저 쓸쓸히 밟고 지나간다.
세상은 제각기 욕심으로 주워 담는다.

손바닥 위 묵직한 은행 하나
혹시라도 부귀를 숨긴 듯 들여다보지만
껍질은 거칠고 냄새는 유쾌하지 않다.

그럼에도 사람들은 속으로 묻는다.
이 안에 진짜 "금"은 없는 걸까
은행, 그 이름처럼 반짝이며 굴러다닌다.

그렇게 꿈은 쓰러졌다.
황금빛 껍질 은행알 하나로
오늘도 꿈 많은 사람들을 살짝 놀린다.

석류

가을 끝자락
햇살도 숨죽인 오후에
석류 하나를 조심스레 깼습니다.

벌어진 틈 사이로
붉은 알갱이들이 쏟아지듯 웃고
마치 오래 참고 있던 이야기들이
한꺼번에 터지는 듯했습니다.

속살은 작은 보석처럼 빛났고
한알 한알 혀끝에 올릴 때마다
어느 시절
말하지 못한 감정들이 스며 나왔습니다.

껍질은 단단했지만
속은 얼마나 여렸던지
사랑도, 상처도 다 이렇겠구나 싶어
잠시 손끝을 멈추었습니다.

석류를 먹으면
입술이 살짝 붉어지듯
그리움도 그렇게
조용히 흔적을 남기나 봅니다

유자

겨울 문턱에서
노랗게 뜬 달 하나
유자 한 알

서늘한 바람에
껍질을 살짝 긁으면
천 년 묵은 향기가 문을 열고 솔솔 나온다.

한입 베어 무는 대신
차로 청으로 소금물 속에
마음 까지 따뜻해지라고 조심스레 묻어둔다.

쓴맛도 단맛도 다 품은 과일
그 끝에서
눈물처럼 맺히는 그리움의 한 점

대추

햇볕이 오래 머문 자리에
대추가 붉게 익어간다.

작고 단단한 그 속엔 한여름
할머니 손끝의 기도가 들어있다.

바람 한 줄기에도 또르르 떨어져
마당 한 편에
흩어져 있어도 허투루 익는 법이 없다.

한 알 입에 넣으면
부드럽게 퍼지는 은근한 단맛

그 맛엔 오랜 기다림과 사랑이
깃들어 혀끝보다 마음이 먼저 젖는다

대추는 말이 없지만
한 그릇 내어놓을 줄 안다.
묵묵한 정처럼, 가을 깊은 날처럼

사과

가을 햇살 아래
탐스럽게 익은 사과는
한눈에도 속이 꽉 찬 사람 같다.

제 몸을 단단히 여물며
가을의 약속처럼
익숙하지만 늘 새롭다.

바삭하고 베어 물면
첫사랑처럼 상큼하고
엄마의 손등처럼 따스하다.

시큼한 순간도 있지만
그마저도 가을의 일부
아삭! 씹히는 맛이 오히려 반갑다

사과 한 개
청량감 풍성한 마음 하나
입안 가득 가을이 울린다.

뚝배기에 담긴 시

초 판 인 쇄	2025년 11월 07일
초 판 발 행	2025년 11월 14일
지 은 이	진 수 용
발 행 처	다담출판기획 TEL : 02)701-0680
	서울시 영등포구 영신로30길 14, 2층
편 집 인	김 은 주
등 록 일	2021년 9월 17일
등 록 번 호	제2021-000156호
I S B N	979-11-93838-59-4 03800
가 격	10,000원

인지는 저자와의 합의 하에 생략
잘못된 책은 서점에서 교환해 드립니다.